STEPHEN R. COVEY

OS 7 HÁBITOS DAS PESSOAS ALTAMENTE EFICAZES

15ª edição

Tradução

Claudia Gerpe Duarte

BestSeller

Franklin Covey®

CIP-BRASIL. CATALOGAÇÃO-NA-FONTE
SINDICATO NACIONAL DOS EDITORES DE LIVROS, RJ

C914s Covey, Stephen R., 1932-

15ª ed. Os 7 hábitos das pessoas altamente eficazes: miniedição / Stephen R. Covey. — tradução: Claudia Gerpe Duarte. - — 15ª ed. — Rio de Janeiro: Best*Seller*, 2022.

Tradução de: The 7 habits of highly effective people miniature edition

ISBN 978-85-7684-343-6

1. Sucesso — Aspectos psicológicos. 2. Caráter. I. Título.

CDD: 158.1
08-3673 CDU: 159.947

Título original norte-americano
THE 7 HABITS OF HIGHLY EFFECTIVE
PEOPLE MINIATURE EDITION

Projeto gráfico e diagramação: ô de casa

EDITORA BEST SELLER LTDA.
Rua Argentina, 171, parte, São Cristóvão
Rio de Janeiro, RJ — 20921-380
que se reserva a propriedade literária desta tradução

Impresso no Brasil

ISBN 978-85-7684-343-6

SUMÁRIO

Uma filosofia do sucesso

UM NOVO NÍVEL DE PENSAMENTO

Albert Einstein disse que "Os problemas significativos com os quais nos deparamos não podem ser resolvidos no mesmo nível de pensamento em que estávamos quando os criamos."

Quando olhamos à nossa volta e para o nosso íntimo identificando os problemas criados quando vivemos e interagimos dentro da Ética da Personalidade, começamos a compreender que estamos diante de problemas profundos e fundamentais que não podem ser resolvidos no nível superficial no qual foram criados.

Precisamos de um novo nível de raciocínio, um nível mais profundo – um paradigma baseado nos princípios que descrevem com precisão o território da existência e da interação humana eficaz – para solucionar essas abrangentes considerações.

Os 7 hábitos das pessoas altamente eficazes tratam precisamente desse novo nível de raciocínio. É uma abordagem à eficácia pessoal e interpessoal centrada em princípios, baseada no caráter e que tem lugar "de dentro para fora".

A DEFINIÇÃO DOS "HÁBITOS"

O conhecimento é o paradigma teórico, o *que fazer* e o *porquê*. A habilidade é o *como fazer*. E o desejo é a motivação, o *querer fazer*. Para transformar alguma coisa em um hábito na nossa vida, precisamos reunir esses três elementos.

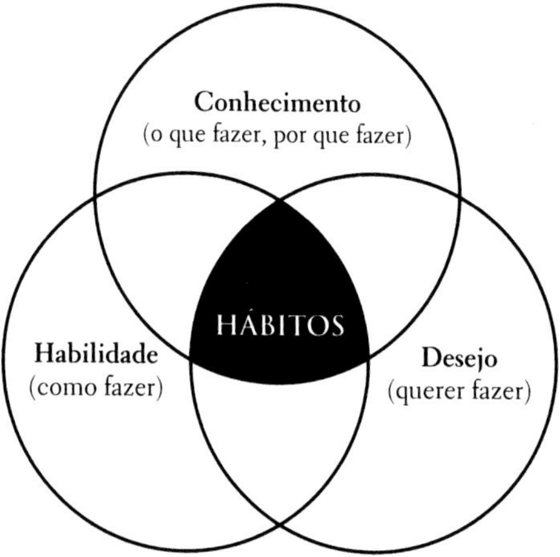
Conhecimento
(o que fazer, por que fazer)
Habilidade
(como fazer)
HÁBITOS
Desejo
(querer fazer)

O *CONTINUUM* DA MATURIDADE

Os 7 hábitos não são um conjunto desconexo de fórmulas milagrosas destinadas a estimular as pessoas. Em harmonia com as leis naturais do crescimento, eles oferecem uma abordagem progressiva, seqüencial e altamente integrada ao desenvolvimento da eficácia pessoal e interpessoal. Eles nos conduzem paulatinamente ao longo de um *Continuum* da Maturidade, da dependência para a independência até alcançarmos a interdependência.

No *Continuum* da Maturidade, a dependência é o paradigma do *você* – *Você* tem de tomar conta de mim; *Você* fez a coisa certa; *Você* não fez a coisa certa; Eu culpo *você* pelos resultados.

A *independência* é o paradigma do *eu* – *Eu* consigo fazer; *Eu* sou responsável; *Eu* sou autoconfiante; *Eu* sou capaz de escolher.

A *interdependência* é o paradigma do *nós* – *Nós* podemos fazer isso; *Nós* podemos cooperar; *Nós* podemos unir nossos talentos e habilidades para juntos criarmos algo maior.

DEFINDO A EFICÁCIA

Os 7 hábitos são *eficazes*. Como estão baseados em princípios, conduzem ao máximo de resultados benéficos a longo prazo. Tornam-se a base do caráter pessoal, criando um centro poderoso de mapas corretos, a partir dos quais uma pessoa pode resolver problemas com eficácia, maximizar oportunidades e continuamente aprender e integrar novos princípios em uma espiral ascendente de crescimento.

Eles também são hábitos *eficazes* porque se baseiam em um paradigma de eficácia que está em harmonia com as leis naturais, um princípio que chamo de “Equilíbrio P/CP”, o que causa estranheza a muitas pessoas. Este princípio pode ser facilmente compreendido se recordarmos a fábula de Esopo sobre a galinha dos ovos de ouro.

■ *Equilíbrio P/CP*

A *eficácia* consiste no equilíbrio – que chamo de “Equilíbrio P/CP”. *P* representa a *produção* dos resultados desejados, os ovos de ouro. *CP* indica a *capacidade de produção*, a habilidade ou bem que produz os ovos de ouro.

A manutenção do Equilíbrio P/ CP entre os ovos de ouro (a produção), saúde e bem-estar da galinha (a capacidade de produção), exige com freqüência uma boa capacidade de discernimento. Mas eu tenho a impressão de que essa é a verdadeira essência da *eficácia*. Consegue-se o equilíbrio entre o curto e o longo prazo.

O Equilíbrio P/CP é a verdadeira essência da eficácia. Aplica-se a todos os setores da vida. Podemos trabalhar com ele ou contra ele, mas sempre estará presente. É como o farol. A definição e o paradigma da eficácia são as bases dos 7 hábitos deste livro.

Definindo metas pessoais

DEFINDO A "PROATIVIDADE"

Os nossos exclusivos dons humanos nos colocam acima do mundo animal. A amplitude com que exercitamos e aprimoramos esses dons nos permite satisfazer nosso potencial essencialmente humano. Entre o estímulo e a resposta encontra-se nosso maior poder – a liberdade de escolha.

O hábito principal e básico de uma pessoa altamente eficaz em qualquer ambiente é o hábito da *proatividade*.

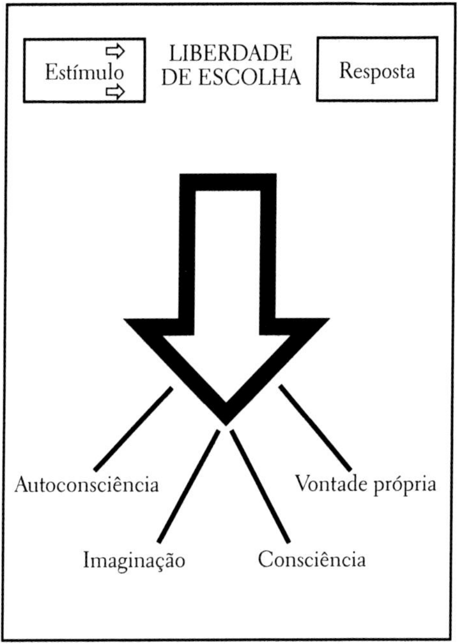
Estímulo
LIBERDADE
DE ESCOLHA
Resposta
Autoconsciência
Vontade própria
Imaginação
Consciência

TOMANDO A INICIATIVA

Nossa natureza nos torna ativos, não passivos. Assim como isso nos permite escolher a resposta em circunstâncias determinadas, também nos dá o poder de criar as circunstâncias.

Tomar a iniciativa não significa ser abusado, desagradável ou agressivo, e sim reconhecer a responsabilidade de fazer com que as coisas aconteçam.

É preciso iniciativa para criar o Equilíbrio P/CP de eficácia na sua vida. É preciso iniciativa para desenvolver os 7 hábitos. À medida que você estudar os outros 6 hábitos, perceberá que cada um depende do desenvolvimento dos seus músculos proativos. Cada um deles mostra que a responsabilidade pela ação é sua.

Somos responsáveis pela nossa eficácia, pela nossa felicidade e, em última análise, eu diria, pela maioria das nossas circunstâncias.

Saber que somos responsáveis – capazes de responder – é fundamental tanto para a eficácia quanto para todos os outros hábitos eficazes que discutiremos.

COMECE COM O OBJETIVO EM MENTE

A aplicação mais importante de "comece com o objetivo em mente" é iniciar com a imagem, o quadro ou paradigma do final da sua vida como sistema de referência ou critério a partir do qual todo o resto será examinado.

Ao manter este objetivo nítido em mente, fique certo de que qualquer coisa feita em um dia determinado não viola o critério que você definiu como sendo de suprema importância, e de que cada dia da sua vida contribui de um modo significativo para a visão que você tem da sua vida como um todo.

Começar com o objetivo em mente significa começar tendo uma compreensão clara do destino. Significa saber para onde você está indo, de modo a compreender melhor onde está agora e dar os passos sempre na direção correta.

DECLARAÇÃO DE MISSÃO PESSOAL

Ao desenvolver a autoconsciência, muitos de nós descobrimos roteiros ineficazes, hábitos arraigados completamente indignos de nós, totalmente incompatíveis com as coisas que realmente valorizamos na vida.

Temos a responsabilidade e a capacidade de usar nossa imaginação e criatividade para escrever novos enredos mais eficazes, compatíveis com nossos valores mais profundos e com os princípios corretos que conferem significado a eles.

A forma mais eficaz que conheço de começar com o objetivo em mente é desenvolver uma *declaração de missão pessoal*, filosofia ou credo. Ela se concentra naquilo que você deseja ser (caráter) e fazer (contribuições e realizações), bem como nos valores ou princípios nos quais se baseiam o ser e o fazer.

■ *No centro*

O que quer que esteja no centro da nossa vida será a fonte da nossa segurança, orientação, sabedoria e poder. Esses quatro fatores são interdependentes. A segurança e uma orientação clara geram a verdadeira sabedoria, e a sabedoria torna-se a faísca ou o catalisador que libera e dirige o poder. Quando esses quatro fatores estão presentes em conjunto, harmonizados e alimentados uns pelos outros, criam a força imensa de uma personalidade nobre, de um caráter equilibrado, de uma pessoa maravilhosamente integrada.

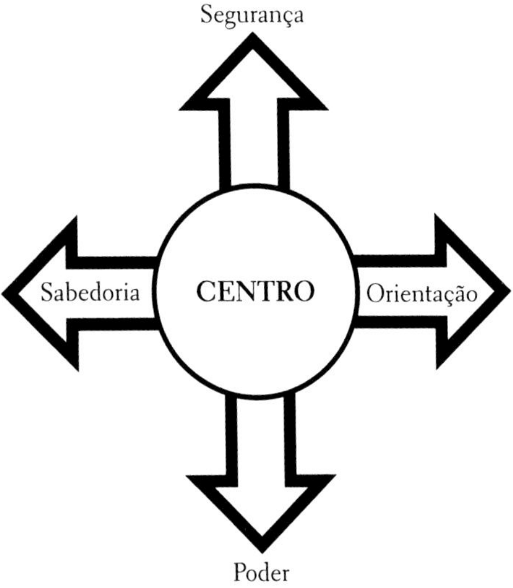

■ *Identificando papéis e metas*

Os papéis e as metas fornecem a estrutura e uma orientação organizada para sua missão pessoal. Se você não tem ainda uma declaração de missão pessoal, esse é um bom lugar para começar. Identificar as diversas áreas da sua vida e os dois ou três objetivos importantes que você sente que deveria atingir em cada uma delas para poder avançar lhe confere uma perspectiva abrangente da sua vida e um senso de direção.

O PODER DA VONTADE INDEPENDENTE

Além da autoconsciência, da imaginação e da consciência, é o quarto dom humano – *a vontade independente* – que realmente torna possível o gerenciamento pessoal eficaz.

A extensão com que desenvolvemos nossa vontade independente na vida cotidiana se mede pela nossa integridade pessoal. A integridade é, fundamentalmente, o valor que atribuímos a nós mesmos. É a nossa capacidade de assumir e honrar compromissos sérios conosco, e de sermos "coerentes com o nosso próprio discurso". Ter integridade significa respeitar o eu, uma parte fundamental da Ética do Caráter, a essência do crescimento proativo.

A ADMINISTRAÇÃO DO TEMPO

A essência do melhor raciocínio na área da administração do tempo pode ser captada em uma única frase: *Organize e execute em torno das prioridades.*

■ Delegação: aumentando P e CP

Completamos com êxito tudo o que fazemos por meio da delegação de poderes – seja ao tempo, seja a outras pessoas. Quando delegamos poderes ao tempo, pensamos em *eficiência*. Quando os delegamos a outras pessoas, pensamos em *eficácia*.

Transferir as responsabilidades para outras pessoas treinadas e capacitadas permite que você transfira sua energia para outras atividades de alto nível. Delegar poderes significa crescimento, tanto para as pessoas quanto para as organizações.

A confiança é a forma mais elevada de motivação humana. Ela traz à tona o que há de melhor nas pessoas, mas exige tempo e paciência, e não exclui a necessidade de treiná-las e aprimorá-las para que a competência que elas demonstrarem possa fazer jus à confiança nelas depositada.

Construindo relacionamentos

PARADIGMAS DE INTERDEPENDÊNCIA

À medida que nos tornamos independentes – proativos, centrados nos princípios corretos, guiados pelos valores e capazes de agir e nos organizar em torno das prioridades da nossa vida com integridade –, podemos então escolher a interdependência, a capacidade de construir relacionamentos significativos, duradouros e altamente produtivos com outras pessoas.

■ *A Conta Bancária Emocional*

Gostaria de sugerir seis depósitos importantes para aumentar a Conta Bancária Emocional.

• • • • • • • •

Compreender o indivíduo. Tentar realmente compreender a outra pessoa é, provavelmente, um dos depósitos mais importantes que você pode fazer, além de ser a chave para todos os outros depósitos.

• • • • • • • •

Prestar atenção às pequenas coisas. As pequenas gentilezas e cortesias são muito importantes. A falta de cortesia, o descaso ou o desrespeito, mesmo que insignificantes, provocam uma retirada considerável. Nos relacionamentos, as pequenas coisas equivalem a grandes coisas.

• • • • • • • •

Honrar os compromissos. Honrar um compromisso ou uma promessa equivale a um enorme depósito; romper com o prometido corresponde a uma retirada imensa. As pessoas costumam alimentar suas esperanças com promessas, particularmente aquelas que dizem respeito ao seu meio de vida básico.

• • • • • • • •

Esclarecer as expectativas. A causa de quase todas as dificuldades de relacionamento reside em expectativas ambíguas ou conflitantes em torno de metas e papéis. Criamos muitas situações negativas simplesmente ao assumir que as nossas expectativas dispensam explicações e que são claramente compreendidas e compartilhadas pelas outras pessoas.

• • • • • • • •

Demonstrar integridade pessoal. A integridade pessoal gera confiança, sendo a base para vários tipos de depósitos. A integridade inclui a honestidade, mas vai além dela.

• • • • • • • •

Pedir desculpas sinceras quando você faz uma retirada. Quando fazemos retiradas da Conta Bancária Emocional, precisamos pedir desculpas, e fazê-lo com sinceridade.

RELACIONAMENTOS INTERPESSOAIS

Ganhar/Ganhar não é uma técnica, mas sim uma filosofia completa de interação humana. Na verdade, é um dos seis paradigmas da interação. Os paradigmas alternativos são: Ganhar/Perder, Perder/Ganhar, Perder/Perder, Ganhar, e Ganhar/Ganhar ou Nada Feito.

Ganhar/Ganhar encara a vida como uma cooperativa e não como um local de competição. A maioria das pessoas tem a tendência de pensar em função de dicotomias: forte ou fraco, duro ou mole, ganhar ou perder. Mas esse tipo de pensamento encerra falhas estruturais, porque se baseia no poder ou na posição, e não nos princípios. Ganhar/Ganhar fundamenta-se no paradigma de que há bastante para todos, que o sucesso de uma pessoa não é alcançado com o sacrifício ou a exclusão do sucesso de outras.

Ganhar/Ganhar é a crença na Terceira Alternativa. Não se trata do meu jeito ou do seu jeito, e sim de um jeito *melhor*, superior.

Pensar de um modo Ganhar/Ganhar é o hábito da liderança interpessoal. Ele envolve o exercício de cada um dos dons humanos inigualáveis – autoconsciência, imaginação, consciência e vontade independente – no relacionamento com os outros. Implica o aprendizado mútuo, a influência mútua e benefícios mútuos.

■ *Dimensões do Ganhar/Ganhar*

Basicamente, as recompensas determinam o que você vai obter. Se o seu objetivo é atingir certas metas e refletir os valores constantes na sua declaração de missão, então é preciso alinhar o sistema de recompensas com essas metas e valores. Se ele não estiver sistemicamente equilibrado, você não estará sendo coerente com seu discurso.

A essência da negociação baseada em princípios é separar a pessoa do problema, focalizando interesses e não posições, inventando opções que ofereçam vantagens mútuas e insistindo nos critérios objetivos – algum padrão ou princípio externo que possa ser aceito por ambas as partes.

A COMUNICAÇÃO EMPÁTICA

Se eu fosse resumir em uma frase o princípio isolado mais importante que aprendi no campo das relações interpessoais, diria o seguinte: *Procure primeiro compreender, depois ser compreendido*. Este princípio é o segredo da comunicação interpessoal eficaz.

■ *Diagnostique antes de prescrever*

Embora seja arriscado e difícil procurar primeiro compreender, ou diagnosticar, antes de prescrever algo, é um princípio correto que se manifesta em muitas áreas da vida. É a marca registrada de todos os verdadeiros profissionais.

Antes que surjam os problemas, antes de tentar avaliar e prescrever alguma coisa ou de tentar apresentar suas idéias – procure compreender. É um hábito poderoso da interdependência eficaz.

SINERGIA

A sinergia é a essência da liderança baseada em princípios. Ela catalisa, unifica e libera os maiores poderes existentes nas pessoas.

O que é sinergia? Em uma definição simples, significa que o todo é maior do que a soma das partes.

A essência da sinergia é valorizar as diferenças – respeitá-las, ampliar os pontos fortes e compensar as fraquezas.

A sinergia é quase um acordo coletivo de um grupo para colocar de lado os antigos roteiros e escrever um novo.

Valorizar as diferenças é a essência da sinergia – as diferenças mentais, emocionais e psicológicas entre as pessoas. A chave para valorizar essas diferenças é perceber que todas as pessoas enxergam o mundo não como ele é, mas como elas são.

NÍVEIS DE COMUNICAÇÃO

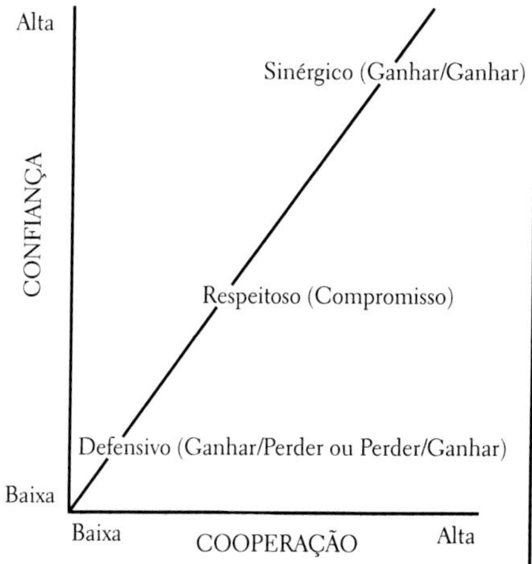

A pessoa realmente eficaz tem a humildade e a capacidade de admitir as limitações da sua percepção e de reconhecer os abundantes recursos disponíveis na interação com o coração e a mente de outros seres humanos.

A sinergia funciona; trata-se de um princípio correto. É a coroação de todos os hábitos anteriores. É a eficácia em uma realidade interdependente – é o trabalho em equipe, a formação de equipe, o desenvolvimento da unidade e da criatividade ao lado de outros seres humanos.

O crescimento contínuo

O EQUILÍBRIO NA RENOVAÇÃO

O processo da auto-renovação precisa abarcar a renovação equilibrada nas quatro dimensões da nossa natureza: física, espiritual, mental e social/emocional.

■ *A dimensão física*

A dimensão física trata de cuidar eficazmente do nosso corpo físico – comer os alimentos adequados, descansar e relaxar o suficiente, e praticar exercícios regularmente.

■ *A dimensão espiritual*

A dimensão espiritual é sua essência, seu centro, seu comprometimento com seu sistema de valores.

■ *A dimensão mental*

A educação – a educação permanente que continuamente aperfeiçoa e expande a mente – é uma renovação mental fundamental.

■ *A dimensão social/emocional*

As dimensões sociais e emocionais da nossa vida estão interligadas porque nossa vida emocional se desenvolve basicamente, porém não de um modo exclusivo, a partir do nosso relacionamento com os outros, e nele se manifesta.

FÍSICA
Exercício, Nutrição, Cuidados com o Estresse
MENTAL
Leitura, Visualização, Planejamento, Escrita
SOCIAL/EMOCIONAL
Ajuda, Empatia, Sinergia, Segurança Interna
ESPIRITUAL
Clareza de Valores e Envolvimento, Estudo e Meditação

SEGURANÇA INTRÍNSECA

De onde vem a segurança intrínseca? Ela não deriva do que os outros pensam de nós ou do modo como nos tratam. Não vem dos roteiros que nos foram entregues nem se origina da nossa posição ou das nossas circunstâncias.

Ela vem de dentro. Deriva de paradigmas adequados e princípios corretos que residem no fundo da nossa mente e do nosso coração. Ela vem de uma coerência de dentro para fora, de uma vida íntegra na qual os hábitos diários refletem nossos valores mais profundos.

A ESPIRAL ASCENDENTE

A renovação é o princípio – e o processo – que nos confere a força necessária para avançar em uma espiral ascendente de crescimento e mudança, de um contínuo aperfeiçoamento.

A consciência é o dom que percebe a nossa coerência ou discrepância com relação aos princípios corretos e nos conduz até eles – quando está em forma.

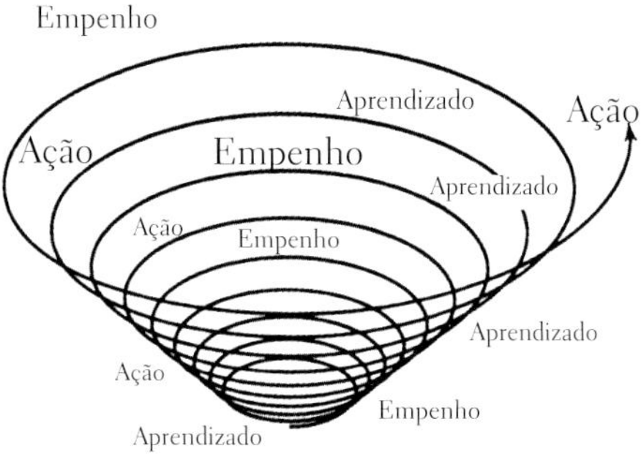

NOVAMENTE DE DENTRO PARA FORA

A mudança – a verdadeira mudança – tem lugar de dentro para fora. Ela não ocorre quando desbastamos as folhas da atitude e do comportamento com as técnicas paliativas da ética da personalidade. Ela acontece quando golpeamos a raiz – a estrutura do nosso pensamento, os paradigmas fundamentais e essenciais, que definem nosso caráter e criam as lentes através das quais vemos o mundo.

Cito Emerson: "Aquilo que insistimos em fazer torna-se mais fácil – não que a natureza da tarefa tenha se modificado, mas a nossa capacidade de executá-la aumentou."

Ao centrar a nossa vida em princípios corretos e criar um foco equilibrado entre fazer e aumentar a nossa capacidade de fazer, adquirimos força para a tarefa de criar uma vida eficaz, proveitosa e pacífica… para nós mesmos e para a nossa posteridade.

Este livro foi composto na tipologia
Electra LH, em corpo 11.5/15.2 e impresso
em papel couché fosco 150g/m²
na Gráfica Santa Marta